Flores Y Plantas
Libro Para Colorear Facilmente
Para Adultos

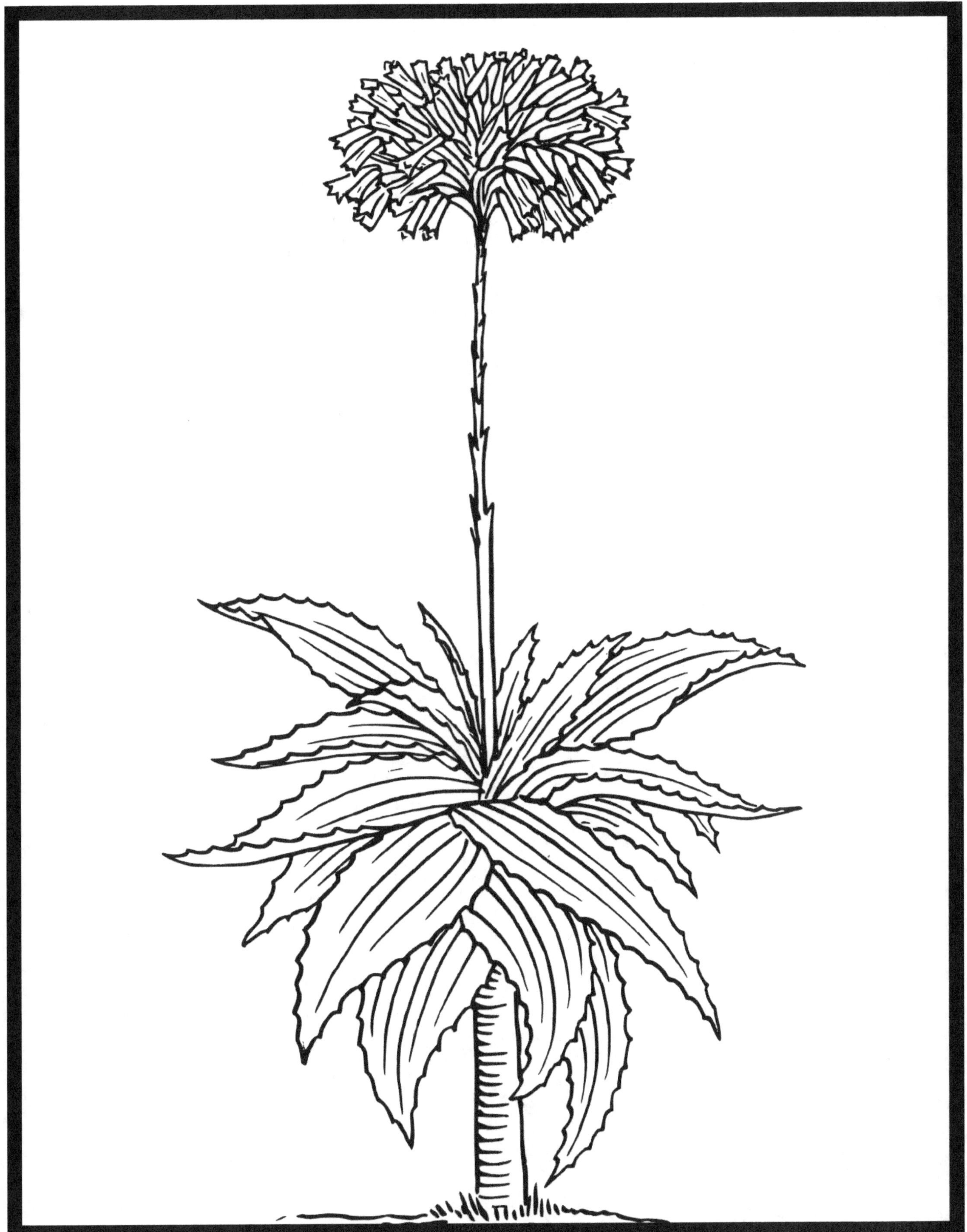

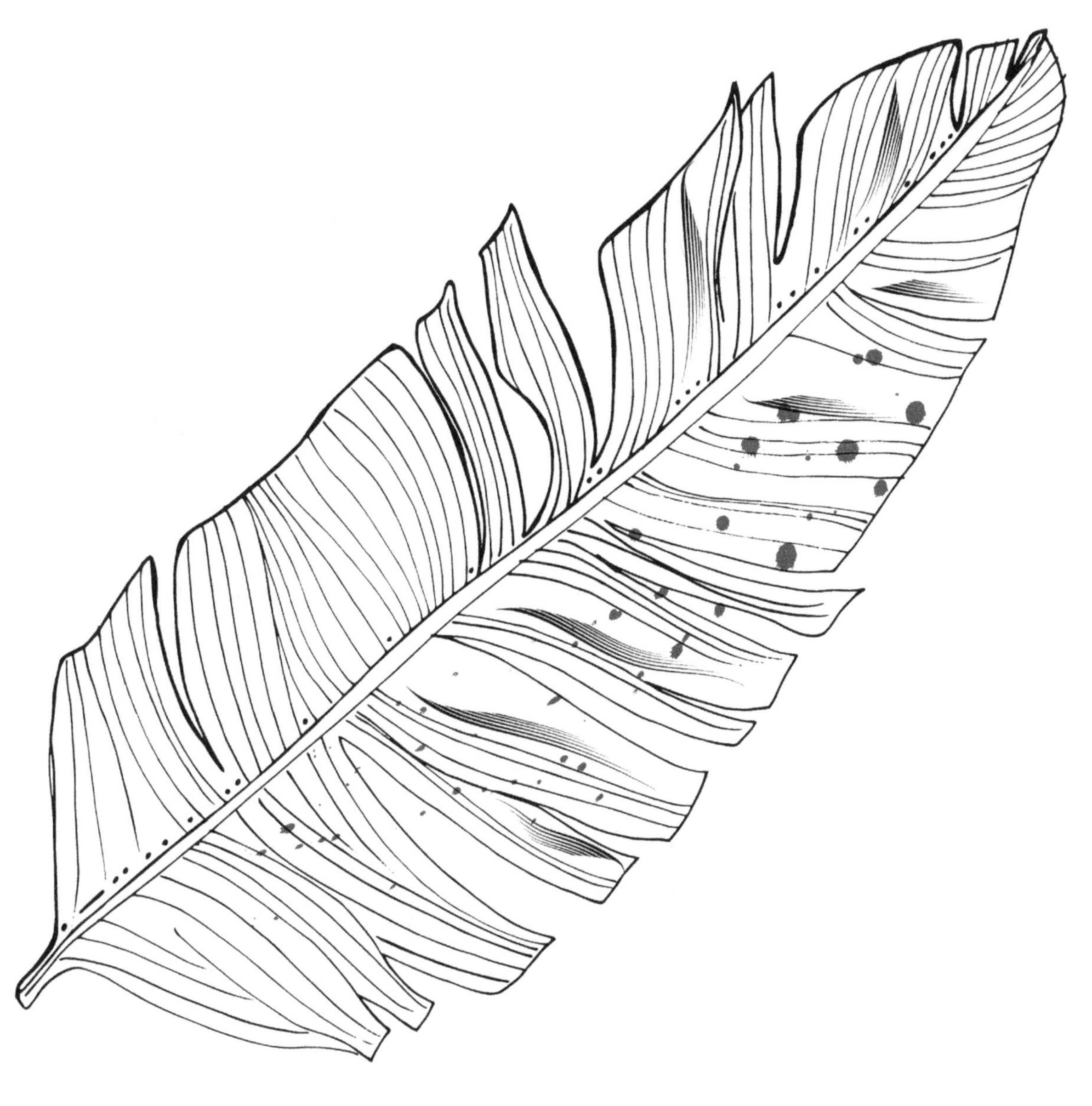

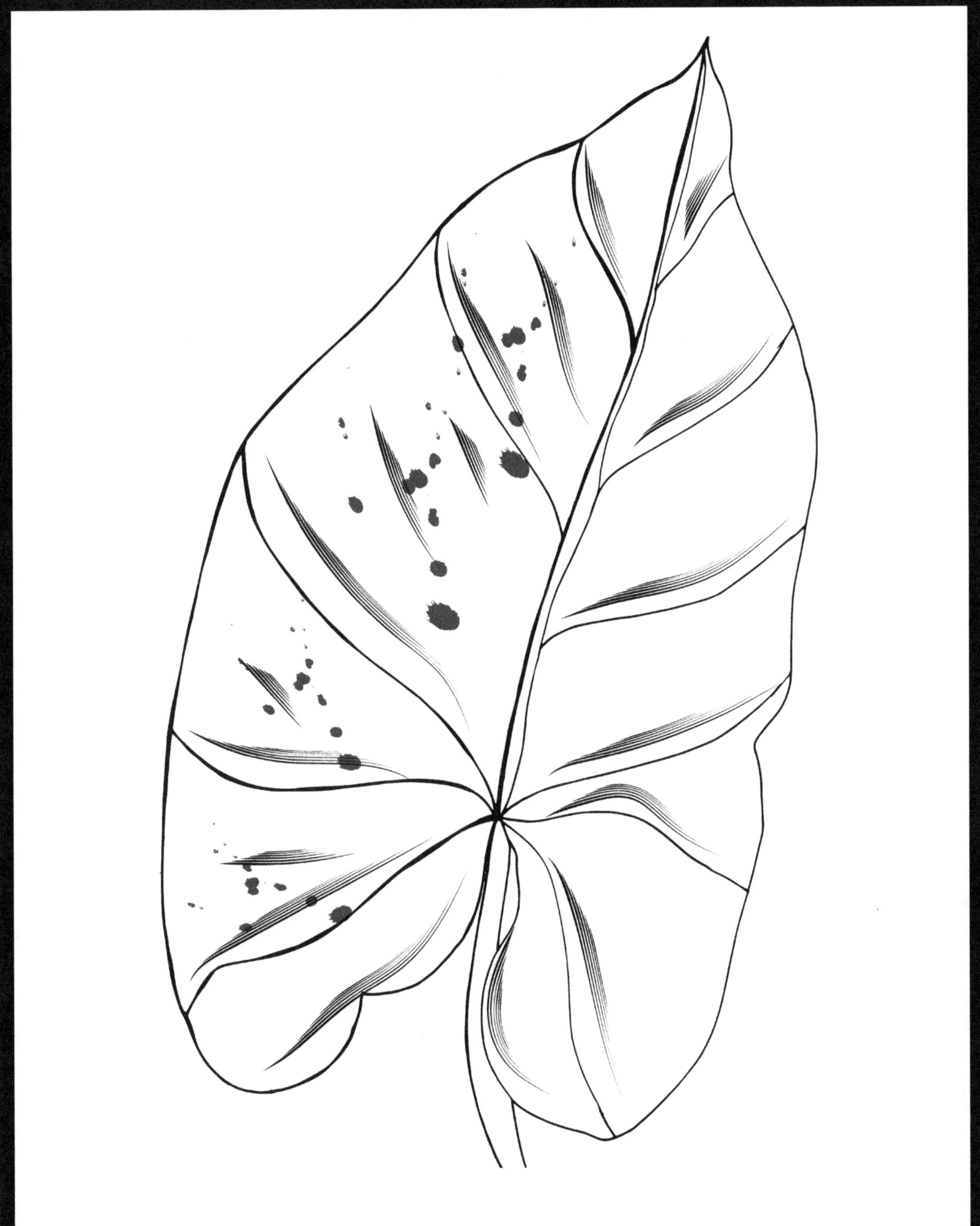

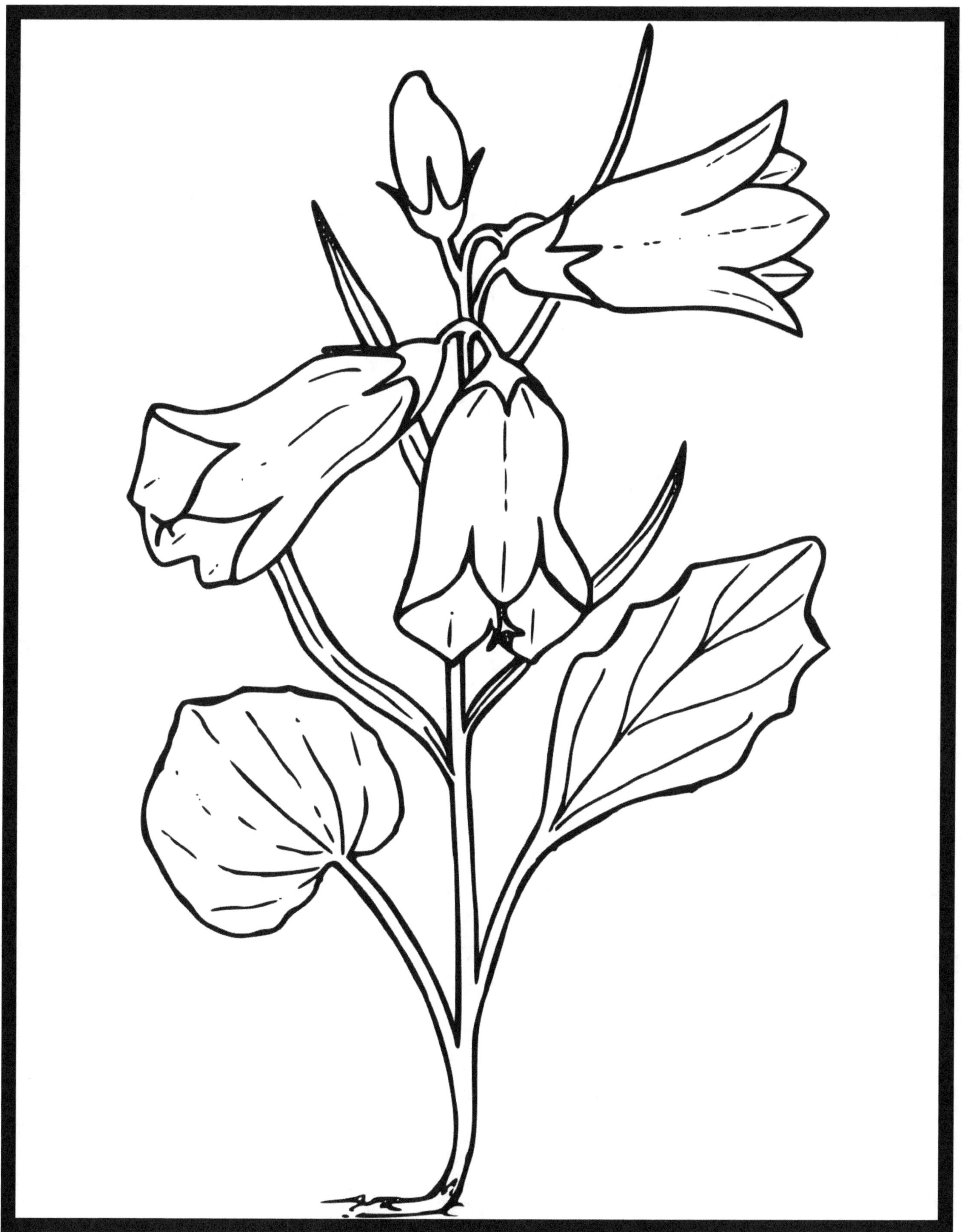

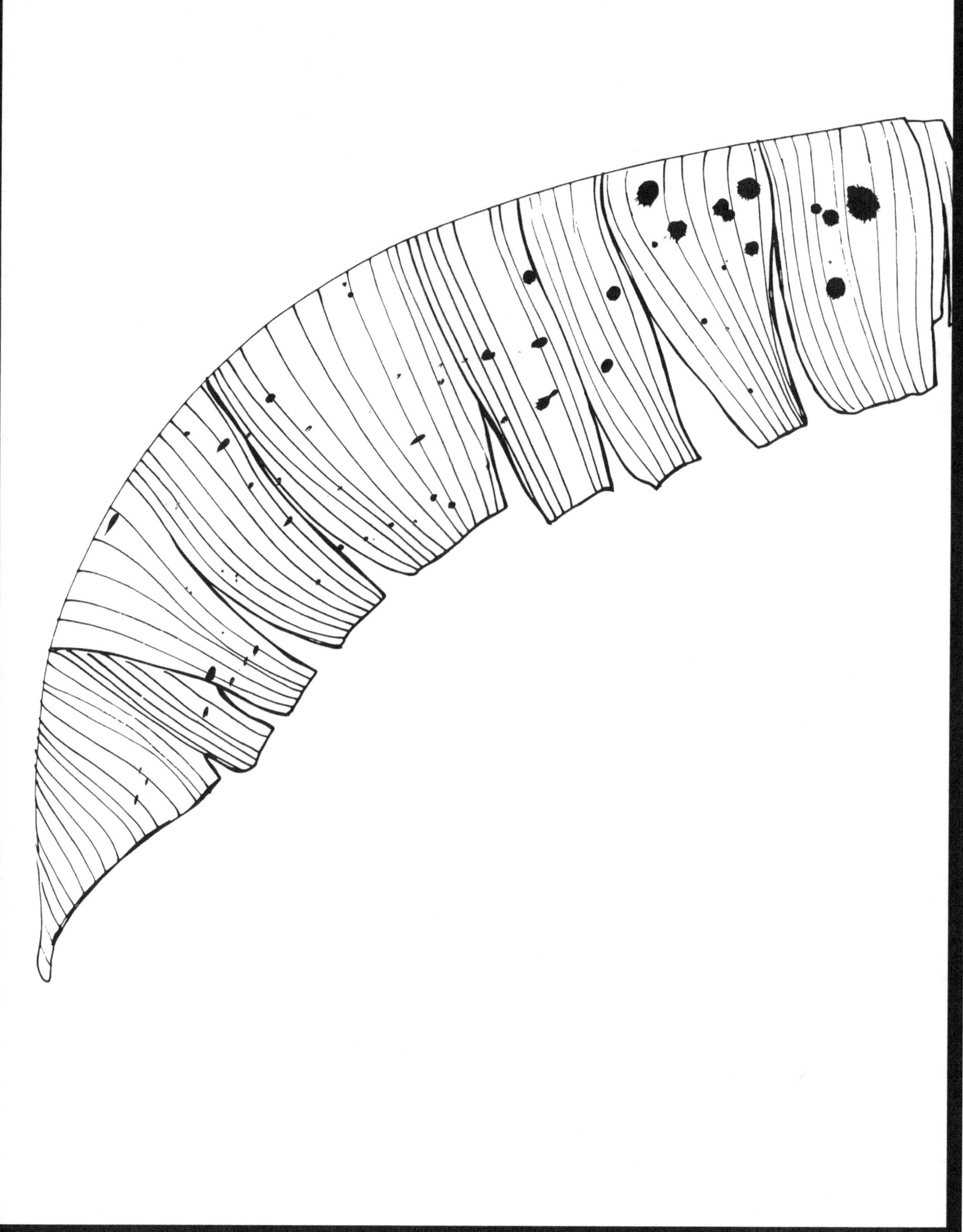

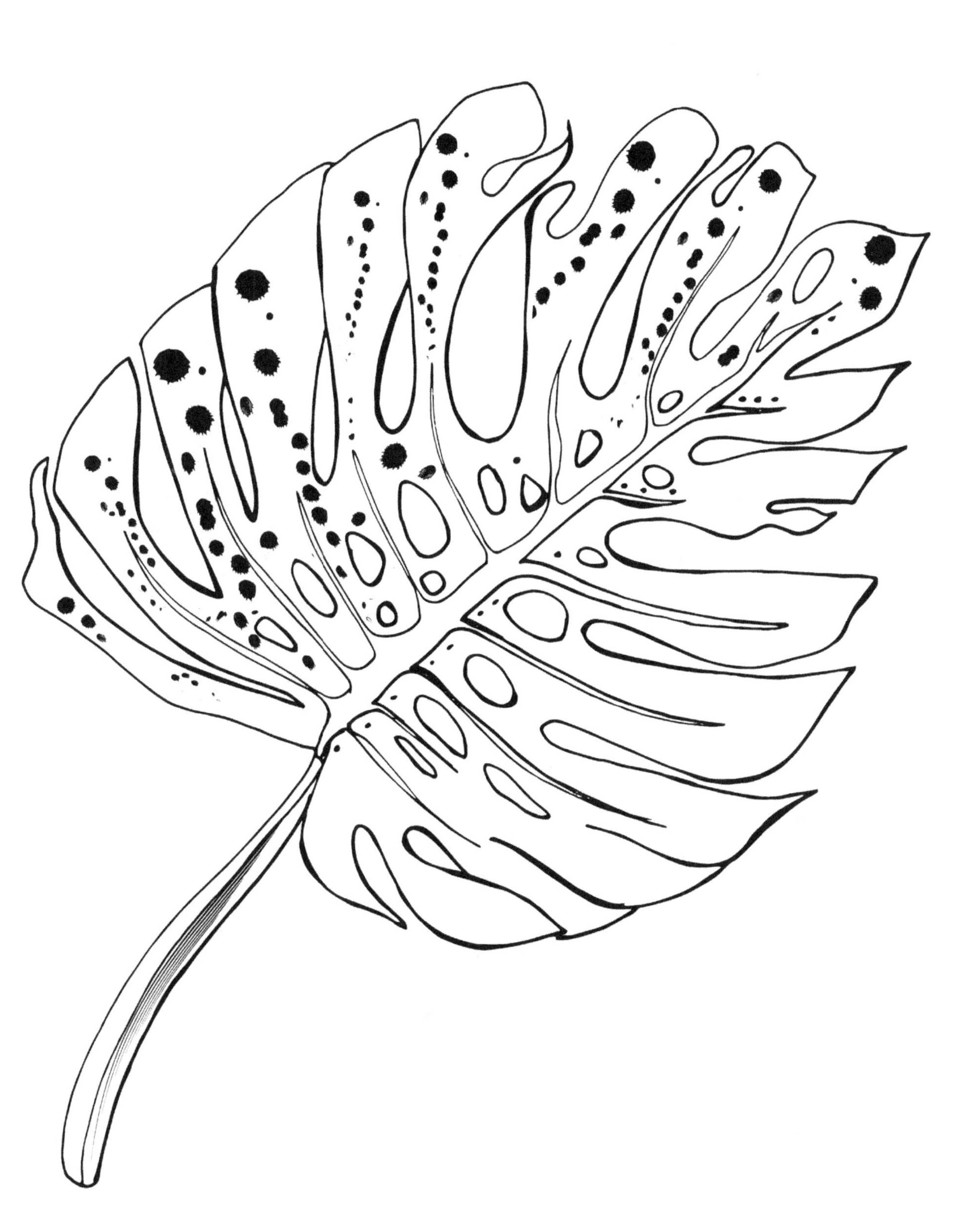

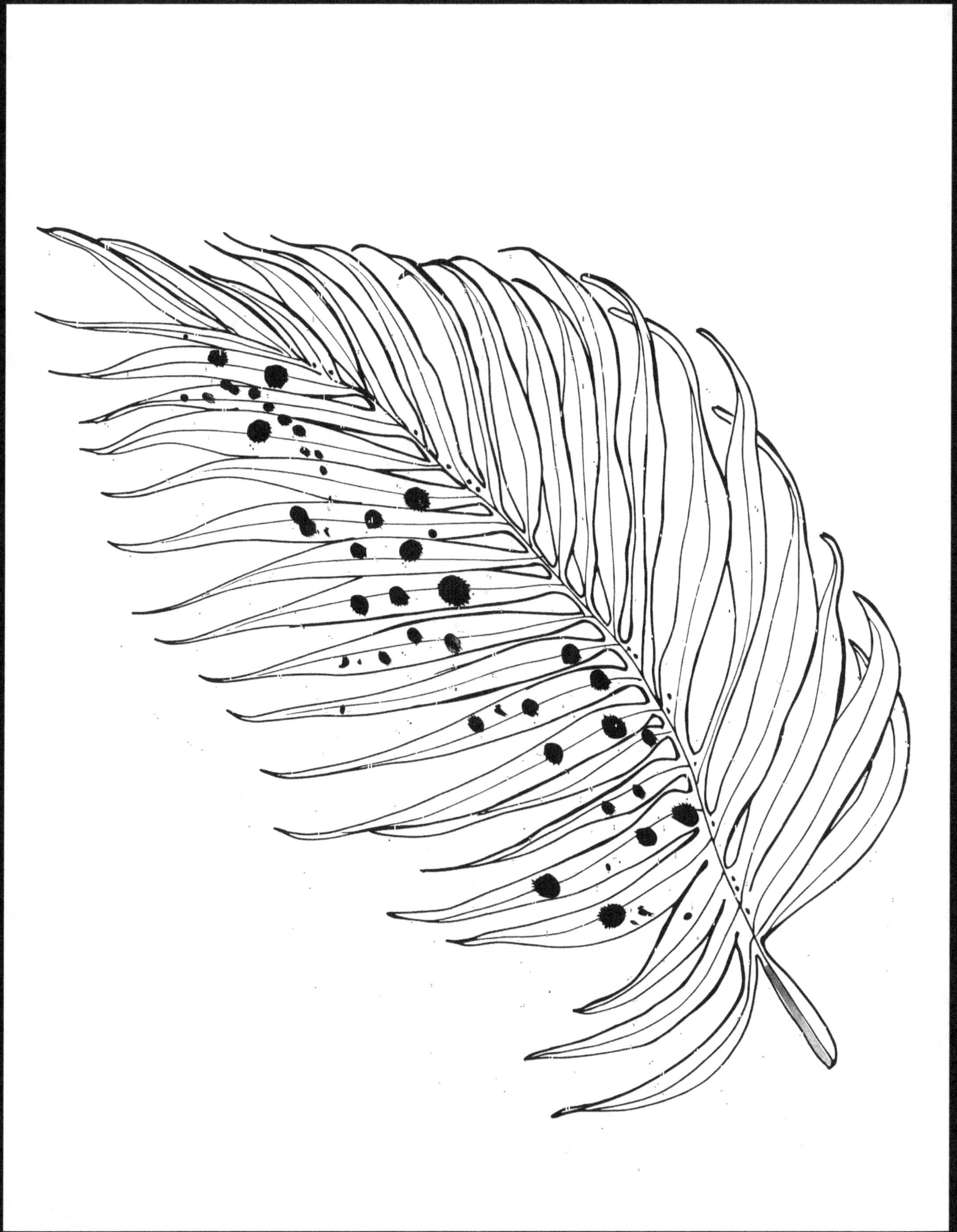